Nico ter Linden

Die Seligpreisungen

der Bergpredigt und das Vaterunser

kiefel

Matthäus erzählt:

Vom Werden Jesu Christi

Matthäus sitzt an seinem Schreibtisch. Viele beschriebene Seiten liegen vor ihm. Er hat von Jesus erhält, von seiner Geburt, wie er vom Himmel gekommen ist. Er hat auch vom Kindermord in Bethlehem erzählt und wie es geschah, daß Jesus den Schergen des Herodes entkam, so wie auch Mose dem Kindermord in Ägypten entkommen war. Und er hat erzählt, wie Jesus sich auf den Weg begeben hat und von Johannes im Jordan getauft wurde.

Matthäus hat auch davon berichtet, wie Jesus vierzig Tage und vierzig Nächte in der Wüste fastete, so wie auch Mose vierzig Tage und vierzig Nächte auf einem Berg in der Wüste gefastet hatte. In dieser Zeit schrieb Mose die Worte auf, die er von Gott vernommen hatte, die heilige Tora.

Jetzt ist für Matthäus der Augenblick gekommen, da er die Blütenlese von Jesuworten ausgraben kann, die vor ihm auf dem Tisch liegen: Die »Tora Jesu«, seine »Bergpredigt«. Denn an welchem Ort, wenn nicht auf einem Berg, wird Matthäus Jesus seine Predigt halten lassen?

Jesus – die Volksmenge sehend – erklomm einen Berg.

Es gibt für Jesus keinen besseren Ort, um seine »Bergpredigt« zu halten. Wie ein zweiter Mose wird auch er von einem Berg die heilige Lehre entfalten, wird er verkündigen, was er in der Tora gelesen hat. Für Matthäus sind das keine Worte aus den Niederungen, sondern Gedanken aus den Höhen des Geistes, Worte von Gott persönlich. Hört das behutsame Zaudern, mit dem er das heilige Geschehen anstimmt:

Jesus – die Volksmenge sehend – erklomm einen Berg,
und er setzte sich, und seine Jünger traten zu ihm,
und er tat seinen Mund auf, ***und er lehrte sie, indem er sprach:***

Er sprach…

Die Seligpreisungen

Selig sind, *die da* ***geistlich arm*** *sind;*
denn ihrer ist das Himmelreich.

Selig sind, die da Leid tragen;
denn sie sollen getröstet werden.

Selig sind die Sanftmütigen;
denn sie werden das Erdreich erben.

Selig sind, die da hungert und dürstet nach der Gerechtigkeit;
denn sie sollen gesättigt werden.

Selig sind *die* **Barmherzigen;**
denn sie werden Barmherzigkeit erlangen.

Selig sind, *die* **reinen Herzens** *sind;*
denn sie werden Gott schauen.

Selig sind, die Frieden *stiften;*
denn sie sollen Gottes Kinder genannt werden.

Selig sind, *die* **verfolgt werden,** *weil sie Gerechtigkeit üben;*
denn ihrer ist das Himmelreich.

Selig sind, *die da* ***geistlich arm*** *sind;*
denn ihrer ist das Himmelreich.

Oh, das Glück der geistlich Armen. Sie können sich glücklich schätzen. Wie Jesus streben sie nicht mehr nach Selbstbehauptung oder nach Hab und Gut. Sie brauchen ihre Angst nicht mit materiellen und nichtmateriellen Dingen zu verbergen, sie haben ihre Angst fahren gelassen. Sie erwarten alles von Gott allein.
Sie sind innerlich frei und dadurch offen und empfänglich für das Reich Gottes.
Wie gesegnet sind die, die da geistlich arm sind.
Sie haben an einem verborgenen Glück teil, das allem Unglück widersteht und es überwindet. »Man sieht es nicht, doch es ist das wahre, das einzig wahre Glück.«

Selig sind, die da Leid tragen;
denn sie sollen getröstet werden.

Gesegnet sind, die nicht krampfhaft ihrem Kummer zu entfliehen suchen. Selig sind, die akzeptieren können, daß wir in einer unvollkommenen Welt wohnen und daß Sorge und Leid zum Leben gehören. Selig sind, die sich für ihren Schmerz nicht schämen und die sich nicht vor dem Schmerz eines anderen verschließen. Selig und geliebt sind, die eine dünne Haut haben. Selig sind, die am Unrecht in der Welt leiden und doch tun, was ihre Hand zu tun findet.
Selig, die da Leid tragen, denn nur sie können getröstet werden. Gott selbst wird ihnen die Tränen von ihren Augen wischen. So können sie heute schon getröstet leben. Und andere trösten.

Selig sind die Sanftmütigen;
denn sie werden das Erdreich erben.

Bei den Sanftmütigen findet Gott auf Erden seine Wohnstatt, er findet sie bei denen, die den Kreislauf des Bösen mit Liebe zu durchbrechen suchen. Selig sind, die durch ihre innere Stärke so stark sind, daß sie darauf verzichten können, Gewalt mit Gewalt zu beantworten.
Sie sind es, die die Erde erben werden.
Davon träumte schon der Psalmist:

Sei stille dem Herrn und harre auf ihn,
entrüste dich nicht über den Mann, der auf Ränke sinnt.
Noch eine kleine Zeit, so ist der Gottlose nicht mehr da,
aber die Elenden werden das Land erben
*und ihre Freude haben am großen Frieden.**

Der Ausdruck »das Land erben« ist in Israel ein geflügeltes Wort. Der ursprüngliche Sinn war, daß kleine Pächter das Land, das sie im Schweiße ihres Angesichts bearbeiten, einmal ihr eigen nennen können. Allmählich wurde der Ausdruck im weiteren Sinn verwendet. Und so versinnbildlichte er den Traum an eine Welt, in der die Ersten die Letzten und die Letzten die Ersten sein werden. Gleich dem Traum, den der kranke Levi seinem Vater Rabbi Jehoschua erzählte: »Ich habe eine törichte Welt gesehen, in der die Bettler herrschen und die Könige dienten.« »Mein Sohn«, sprach sein Vater, »du hast die wahre Welt gesehen.«*

Selig sind, die da hungert und dürstet nach der Gerechtigkeit;
denn sie sollen gesättigt werden.

Gesegnet sind, die sich nie und nimmer mit dem Unrecht in der Welt versöhnen. Sie setzen sich für den Armen ein, für den Rechtlosen, für den Menschen in der Unterdrückung. Selig sind, die nicht aufhören, nach der letztendlichen Gerechtigkeit zu fiebern. Sie sollen gesättigt werden am großen Festmahl, das Gott für alle seine Kinder bereitet hat.

Selig sind *die* **Barmherzigen;**
denn sie werden Barmherzigkeit erlangen.

Der Talmud lehrt, daß »wer sich der Menschen erbarmt, sicher ein Nachkomme Abrahams, und wer sich ihrer nicht erbarmt, sicherlich kein Nachkomme Abrahams ist.« Unbarmherzig ist der Mensch, der sich nicht »der Menschen« erbarmt, nicht aller Kinder Adams, sondern nur seiner Volksgenossen oder seiner Brüder und Schwestern im Glauben. Unbarmherzig ist der Mensch, der das Schwache, das Suchende und Irrende nicht beschützt, sondern von sich stößt. Gesegnet, wer so nicht handelt. Selig sind, die voller Liebe dem Leiden anderer begegnen. Gott wird sich ihrer erbarmen.

Selig sind, *die* ***reinen Herzens*** *sind;*
denn sie werden Gott schauen.

Wann schauen wir Gott? Wenn nichts zwischen uns und Gott steht. Wenn unsere Herzen von Betrug, Geltungssucht und Habsucht befreit sind, wenn sie von all den Ungerechtigkeiten frei sind, die die Sicht auf Gott versperren. Dann sehen wir Gott. Dann sehen wir ihn überall. Selbst im Geringsten spricht der Unsagbare. Ehe man in den Tempel tritt, muß man seinen Körper waschen. Es ist eine Übung, damit wir nicht vergessen, daß wir reinen Herzens sein sollen. Dann dürfen wir uns »Gott nähern«. Dann dürfen wir »Gott schauen«.

Wer darf hinaufziehen zum Berg des Herrn,
wer darf stehn an seiner heiligen Stätte?
*Der reine Hände hat und ein lauteres Herz.**

***Selig sind, die Frieden** stiften;*
denn sie sollen Gottes Kinder genannt werden.

Wer Frieden stiftet, wer *Schalom* schafft, macht auf Erden etwas von Gott sichtbar. Israel ist in der Welt der Völker berufen, als »Sohn Gottes« diesen Frieden zu bringen. Und in Israel ist besonders der König, auch »Sohn Gottes« genannt, berufen, seinem Volk darin voranzugehen. Gesegnet sind, die diese Berufung verstehen. »Denn alle, die sich vom Geist Gottes leiten lassen, sind Söhne Gottes.«* Selig sind, die zusammen mit dem heiligen Franziskus darum beten, Frieden zu schaffen.

Oh Herr,
mache mich zu einem Werkzeug deines Friedens,
daß ich Liebe übe, wo man sich haßt,
daß ich verzeihe, wo man sich beleidigt,
daß ich verbinde, wo Streit ist,
daß ich die Wahrheit sage, wo der Irrtum herrscht,
daß ich den Glauben bringe, wo der Zweifel drückt,
daß ich die Hoffnung wecke, wo Verzweiflung quält,
daß ich ein Licht anzünde, wo die Finsternis regiert,
daß ich Freude mache, wo der Kummer wohnt.

***Selig sind,** die **verfolgt werden,** weil sie Gerechtigkeit üben; denn ihrer ist das Himmelreich.*

Jesus ging den Weg der Gerechtigkeit. Er zog damit den Haß der Menschen auf sich und wurde verfolgt. Auch für seine Schüler kann der Weg zum Leidensweg werden. Doch der Weg führt zum Reich Gottes.

Acht Seligpreisungen. Gemeinsam beschreiben sie die Wesenszüge des Gottesvolkes. Das Volk ist das Salz in der Welt.

»Ihr seid das Salz der Erde.«

Salz schützt vor Verderblichkeit. Salz bringt Geschmack. Man braucht nur ein klein wenig davon. Eine Handvoll Gerechte hätte Sodom vor dem Untergang bewahren können, doch es gab nicht genügend Salz.

»Wenn nun das Salz nicht mehr salzt, womit soll man salzen? Es ist zu nichts mehr nütze, als daß man es wegschüttet und läßt es von den Leuten zertreten.«

Ihr seid das Salz der Erde. Achtfach wurde es euch gelehrt. Was aber, wenn das Salz selbst verdorben ist? Dann kann man es nur noch wegschütten. Und die Welt ist ohne Salz.

Ihr seid das Salz der Erde

Ihr seid das Licht der Welt

»Ihr seid das Licht der Welt. *Die Stadt auf einem Berg kann nicht verborgen bleiben. Man zündet auch nicht ein Licht an, um es unter den Scheffel zu stellen, sondern auf einen Leuchter, daß es leuchtet allen, die im Hause sind.«*

Das Licht ist nicht um seiner selbst willen da, sondern um zu scheinen. Es ist da, um die Finsternis zu durchdringen, damit »alle im Haus« erleuchtet werden.

So laßt euer Licht leuchten vor den Menschen, damit sie eure guten Werke sehen und euren Vater im Himmel preisen.

Ihr habt gehört…

Weicht die Lehre, die Jesus auf dem Berg entfaltet, nicht von der Lehre ab, die Mose bei sich trug, als er vom Berg herabstieg? Es gibt in Israel Schriftgelehrte, die Jesu Worte für einen Angriff auf die Tradition halten. Jesus aber bestreitet das.

»Denkt nicht, ich sei gekommen, um die Tora und die Propheten aufzuheben; ich bin gekommen, um sie zu erfüllen.«

Matthäus hat für seine Leser und Leserinnen sechs Beispiele dafür gesammelt. Sechsmal werden sie mit demselben Satz eingeleitet: ***»Ihr habt gehört, daß von alters her gesagt ist… ich aber sage euch…«*** Aber es folgen keine Lehrsätze, die sich gegen die Gebote der Tora wenden, sondern drastische, scharfe Worte, mit denen Jesus die Gebote noch vertieft und zuspitzt.

»Ihr habt gehört, daß von alters her gesagt ist: Du sollst nicht ehebrechen.«

»Ich aber sage euch: Wenn ein Mann eine Frau lüstern anschaut, hat er in seinem Herzen mit ihr bereits die Ehe gebrochen. Wenn dich dein rechtes Auge zu Fall zu bringen droht, reiße es aus. Und wenn dich deine rechte Hand zu Fall zu bringen droht, hacke sie ab. Es ist besser für dich, daß eines deiner Glieder verlorengeht, als daß du mit deinem ganzen Leib in die Hölle fährst.«

Das Beste ist, man rückt dem Übel erbarmungslos zu Leibe – noch ehe die Augen und Hände dem Lockruf der Begierde folgen.

»Ihr habt gehört, daß von alters her gesagt ist: Du sollst keinen falschen Eid schwören und sollst dem Herrn deinen Eid halten.«

»Ich aber sage euch, daß ihr überhaupt nicht schwören sollt. Weder bei Gott, noch bei dem Himmel, denn er ist Gottes Thron, noch bei der Erde, denn sie ist der Schemel seiner Füße, und auch nicht bei Jerusalem, denn sie ist die Stadt unseres Königs. Berufe dich nicht auf Gott, um glaubwürdiger zu erscheinen. Und schwöre auch nicht bei deinem Haupt, denn du kannst ja nicht einmal ein einziges Haar weiß oder schwarz machen. Euer Ja sei ein Ja, euer Nein ein Nein. Alles, was darüber ist, ist von Übel.«

»Ihr habt gehört, daß von alters her gesagt ist: Du sollst nicht töten; wer aber tötet, der soll dem Gericht ausgeliefert werden.«

»Ich aber sage euch: Wenn jemand seinem Bruder auch nur übelgesinnt ist, soll er vors Gericht gezerrt werden. Wer seinen Bruder einen Dummkopf schimpft, soll von dem Hohen Rat verurteilt werden, und wer seinen Bruder einen gottlosen Narren nennt, soll dem Feuer der Hölle verfallen sein.«

Auch verletzen ist tödlich. Jeder Mord beginnt mit Haß im Herzen.

»Ihr habt gehört, daß gesagt ist: Auge um Auge, Zahn um Zahn.«*

»Ich aber sage euch: Schlagt nicht zurück, wenn euch einer Unrecht tut.«

Doch wer ist schon zu solcher Liebe fähig? Wer kann sich mit dem Menschen messen, von dem Jesaja träumt?

»Ihr habt gehört, daß gesagt ist: Du sollst deinen Nächsten lieben und deinen Feind hassen.«

»Ich aber sage euch: Liebt eure Feinde. Bittet für die, die euch verfolgen.«

Offensichtlich ist in Jesus Tagen eine Tora-Interpretation im Umlauf, die die Nächstenliebe auf den eigenen Kreis beschränken möchte. Dagegen wenden sich Jesus und Matthäus.

Die Lehre, die Jesus auf dem Berg entfaltet, ist hoch gegriffen und vermag einen Menschen in den Niederungen so manches Mal zu entmutigen: Immer wieder scheitert man. Doch seine Worte wollen auch vor Selbstgerechtigkeit warnen. Haß, Begierde, Mißbrauch des Namens Gottes – niemandem ist es fremd. Man begegne darum anderen ebenso mild, wie man es sich auch von Gott wünscht. Und was die unermeßlich hohen Forderungen betrifft: Ein gescheiterter Versuch ist besser als gar kein Versuch.

Ich bot meinen Rücken dar denen, die mich schlugen, und meine Wangen denen, die mir den Bart ausrissen. Mein Angesicht verbarg ich nicht vor Schmach und Speichel.*

»Ihr sollt vollkommen sein, wie euer Vater im Himmel vollkommen ist.«

Wer aus der ungeteilten Güte seines himmlischen Vaters lebt, wird aus reiner Freude und Dankbarkeit dieselbe ungeteilte Güte für andere ausstrahlen.

Mit diesem siebten Spruch faßt der Evangelist zusammen, was Jesus sechsfach verkündet hat. Matthäus wußte schon, was er tat, als er Jesus diese Worte auf einem hohen Berg sprechen ließ. Wer kann in solche Höhen steigen?

»***Wenn ihr betet,*** sollt ihr nicht viel plappern wie die Heiden, denn sie meinen, sie werden erhört, wenn sie viele Worte machen. Macht es nicht wie sie, denn euer Vater weiß, wessen ihr bedürft, noch ehe ihr bittet.«

Vaterunser

»Darum sollt ihr so beten: Vater unser…«

Es lag wahrscheinlich nicht in Jesu Absicht, den Seinen einen festen Gebetstext zu geben. Es spricht nichts dagegen, ihn als solchen zu verwenden, doch der Text soll eher ein Modell sein, eine Schule für all unser Beten. Wenn du betest, so tue es in diesem Geist. Matthäus beginnt mit drei Bitten, mit denen sich der Betende auf das Wesentliche, auf die Sache Gottes konzentriert: daß sein Name geheiligt werde, daß sein Reich komme und daß sein Wille geschehe. Danach wendet er sich an Gott mit den großen Fragen der Menschheit: die Brotfrage, die Schuldfrage und die Frage der Erlösung. Drei Bitten, um körperlich und geistlich zu bestehen.

Vater unser im Himmel

Ich nenne dich Vater, weil ich dein Kind bin. Ich nenne dich Vater, weil ich glaube, daß du mich liebst, und weil ich alles Vertrauen in dich setze. Vieles in deiner Schöpfung ist mir fremd, es gibt bittere Rätsel, bei denen ich mir keinen Rat weiß. Und doch sind mir die Zeichen deiner liebevollen Gegenwart stärker als die Zeichen deiner zum Himmel schreienden Verborgenheit. Deshalb nenne ich dich auch weiterhin Vater. Gleichzeitig fühle ich mich angesichts deiner Herrlichkeit klein und nichtig. Du magst zwar ein Vater sein, doch du bist ein Vater im Vorborgenen, ein Vater im Himmel. Ich weiß auch, daß du nicht nur mein Vater bist, sondern auch der Vater meiner Brüder und Schwestern auf Erden. Stets wenn ich dich Vater unser nenne, möchte ich mich daran erinnern.

Dein Name werde geheiligt

»Ich werde da sein«, hast du gesagt. Mit diesen Worten hast du uns deinen Namen gegeben, uns offenbart, wer du bist. Du bist unser Bundespartner. Wir bitten dich, daß du trotz unseres Scheiterns deine Verheißungen erfüllst. Und wir bitten, daß wir deinen Namen hochhalten und ihm alle Ehre erweisen. So wie du ein Gott der Menschen bist, wollen wir Menschen Gottes sein.

Dein Königreich komme

Hilf uns, daß wir dem Kommen deines Reiches von Frieden und Gerechtigkeit nicht im Wege stehen. Erfülle die Träume deiner Propheten. Wo Jesus erschien, brach für Augenblicke dein Reich an. Gebeugte richteten sich auf und gingen wiedergeboren ihres Weges. Richte du auch uns auf. Stärke unser Vertrauen, daß dein Reich kommt. Im Dienst dieses Reiches wollen wir leben.

Dein Wille geschehe wie im Himmel so auch auf Erden

Laß unseren Willen den deinen nicht verfinstern. Gib, daß deine himmlische Tora uns auf Erden den rechten Weg weist, den Weg der Liebe. Wir wollen vollenden, was du begonnen hast.

Gib uns unser täglich Brot

Wir bitten dich nicht um Reichtümer, nicht um
Überfluß, sondern um das Brot für den heutigen Tag.
Die Erde ist dein und alles, was darinnen ist.
Nähre uns alle. Mache uns freigebig und unbesorgt,
den Augenblick genießend.

Vergib uns unsere Schuld,
wie auch wir vergeben unseren Schuldigern

Wir bitten dich um etwas, das wir selbst kaum können: vergeben. Ja, Groll hegen – das können wir, die wir in unserer Angst und in unserem Stolz gefangen sind. Vergib uns, daß wir nicht mit Herz und Seele zu lieben vermögen. Lehre uns, wie sehr wir der Vergebung bedürfen und mache uns ebenso großherzig, wie du es in unseren Träumen bist.

Und führe uns nicht in Versuchung, sondern erlöse uns von dem Bösen

Führe uns so, daß wir uns nicht verirren. Und wenn wir auf die Probe gestellt werden, gib uns dann die Kraft, die Prüfung zu bestehen. Wie dein Sohn sind auch wir versucht, unseren Lebenshunger mit Brot zu stillen, mit Ansehen bei den Menschen und mit Herrschaft über sie. Lehre uns, wie heillos diese Sehnsüchte sind. Erlöse uns von dem Übel. Gib, daß das Böse uns nicht gefangen hält.

Amen

So ist es. So sei es. So soll es sein. In die Tat umsetzen will ich es in meinem Leben.

Die erste Christengemeinde hat hier noch einen Lobpreis angefügt. Wahrscheinlich ist es ihre Antwort auf das Gebet, das nur vom Priester gesprochen wurde:

Denn dein ist das Reich und die Kraft und die Herrlichkeit in Ewigkeit.

Worte Jesu

***»Sammelt euch keine Schätze auf Erden,** wo sie die Motten und der Rost fressen und wo die Diebe einbrechen und stehlen, sondern sammelt euch Schätze im Himmel, wo sie weder Motten noch Rost fressen und wo die Diebe nicht einbrechen und stehlen. Denn wo dein Schatz ist, da ist auch dein Herz.«*

Der Mann dort auf dem Berg verlangt nicht von uns, daß wir von all unserem Hab und Gut lassen, vielmehr geht es ihm darum, woran wir unser Herz hängen. An irdische Schätze soll man seine Seele und Seligkeit nicht verkaufen. Jesus weiß aus eigener Erfahrung, daß ein Leben der Liebe und Barmherzigkeit einen Menschen reich macht. Man sammelt dadurch Schätze im Himmel, indem die Schätze auf Erden locker in der Tasche sitzen. So dient man Gott und dem Nächsten; sie freuen sich an deiner Güte. Die einzigen, die es bekümmert, sind die Motten und die Diebe.

»Richtet nicht, damit ihr nicht gerichtet werdet. *Denn mit dem Recht, mit dem ihr richtet, werdet ihr gerichtet werden. Und mit dem Maß, mit dem ihr meßt, werdet ihr gemessen werden. Was siehst du aber den Splitter in deines Bruders Auge, aber den Balken in deinem Auge bemerkst du nicht? Wie kannst du zu deinem Bruder sagen: Laß mich den Splitter aus deinem Auge herausziehen! – und siehe, ein Balken ist in deinem Auge? Du Heuchler, zieh zuerst den Balken aus deinem eigenen Auge, erst dann wirst du scharf genug sehen können, um den Splitter aus deines Bruders Auge herauszuziehen.«*

Ist es möglich, nicht zu richten und nicht zu urteilen? Meint Jesus nicht, daß man stets zwischen gut und böse, rein und unrein wählen muß? Schon, aber Jesus meint auch, daß man zuerst in die eigene Seele schauen muß. Haben wir uns denn schon einmal überlegt, warum wir so heftig auf die Fehltritte anderer reagieren? Führen sie uns etwa die eigenen Fehler, die wir gerade so schön von uns geschoben haben, vor Augen? Oder ist uns vielleicht gerade jenes im anderen zuwider, das wir an uns selbst nicht wahrhaben wollen? Gibt es einen Zusammenhang zwischen dem Splitter im Auge des anderen und unserem eigenen Balken?
Entferne also erst den Balken aus dem eigenen Auge, dann kannst du getrost über den Splitter des anderen urteilen... Nein, so steht es nicht da! Urteilen darf man noch immer nicht. Hier steht, daß man erst dann scharf genug sieht, um dem anderen zu helfen, seinen Splitter loszuwerden.

»Bittet, so wird euch gegeben;
suchet, so werdet ihr finden; klopfet an, so wird euch aufgetan. Denn wer da bittet, der empfängt; und wer da sucht, der findet; und wer da anklopft, dem wird aufgetan. Oder ist einer unter euch, der seinem Sohn einen Stein gibt, wenn er um Brot bittet? Oder eine Schlange, wenn er um einen Fisch bittet? Wenn nun ihr, die ihr doch schlecht seid, dennoch euren Kindern gute Gaben geben könnt, wieviel mehr wird euer Vater im Himmel denen Gutes geben, die ihn bitten!«

Bittet, so wird euch gegeben. Das heißt nicht, daß man alles erlangen wird, nach dem man verlangt. Bitten und beten ist mehr als »um etwas verlangen«. Beten heißt, daß man ganz und gar Ohr wird, um in der Stille Gott zu hören. Beten ist Entäußerung, beten heißt danken, singen, klagen – und sich verwundern. Bitten heißt verzweifeln, verlangen, suchen, anklopfen. Wer so handelt, findet Gott. Jesus sprach aus Erfahrung. Er hatte es von seinem Vater, seiner Mutter und von den Propheten gelernt, die es wiederum von ihrem Vater, ihrer Mutter und den Propheten gelernt hatten.

Die Goldene Regel

»Alles nun, was ihr wollt, daß euch die Leute tun sollen, das tut ihnen auch! Denn so wollen es die Tora und die Propheten.«

Das gleicht der goldenen Regel: Was du nicht willst, daß man dir tu, das füg auch keinem andern zu. Das weiß doch jeder! Braucht man dazu denn die Tora und die Propheten? Vielleicht nicht. Doch vielleicht braucht man die Tora und die Propheten, um es sich zu merken.

Der Weg, der zum Leben führt

»Geht hinein durch die enge Pforte. ***Denn weit ist die Pforte und breit der Weg, der ins Verderben führt,*** *und viele sind's die auf ihm hineingehen. Eng ist die Pforte und schmal der Weg, der zum Leben führt, und wenige sind's, die ihn finden.«*

Leben ist mehr als atmen und gedankenlos mit dem Strom der Leute gehen. Leben ist wählen und gut schauen, wohin man geht. Es gibt zwei Wege, wie uns bereits Israels erster Psalm lehrt:

Wohl dem, der nicht wandelt
im Rat der Gottlosen
und nicht tritt auf den Weg der Sünder,
sondern feurig verlangt
nach Gottes Tora,
und mit der Tora lebt,
Tag und Nacht.

Die Tora, in der Mose zum Volk sagt:

»Leben und Tod, Segen und Fluch lege ich euch vor. ***Wählt das Leben, damit ihr lebt.****«**

Matthäus ist fast am Ende seiner Bergpredigt.
Ein Jesuswort hat er noch, ein kleines Gleichnis:

»Wer nun diese meine Worte hört und sie tut,
der gleicht einem klugen Mann, der sein Haus auf Fels baute. Als nun der Regen niederprasselte, die Bergströme anfluteten und die Winde wehten und an dem Haus rüttelten, da stürzte es nicht ein; denn es war auf Fels gegründet.
Wer nun diese meine Worte hört und sie nicht tut, der gleicht einem törichten Mann, der sein Haus auf Sand baute. Als nun der Regen niederprasselte, die Bergströme anfluteten und die Winde wehten und an dem Haus rüttelten, da stürzte es ein, – und sein Fall war groß.«

Als Mose von dem Berg herabgestiegen war und das Volk das heilige Wort Gottes gehört hatte, antwortete es: »Alles, was der Herr gesprochen hat, wollen wir tun.«*

Auch Jesu heiliges Wort muß nicht nur gehört, sondern auch getan werden. Wenn wir in felsenfestem Vertrauen leben und tun, was wir gehört haben, kann uns nichts und niemand ins Wanken bringen.

»Und es begab sich, als Jesus diese Rede beendet hatte, daß sich das Volk entsetzte über seine Lehre; denn er lehrte sie mit Vollmacht und nicht wie die Schriftgelehrten.«

»Und es begab sich, als Jesus diese Rede beendet hatte… «

Fünfmal begegnen wir bei Matthäus diesem Satz, immer als Abschluß einer Sammlung von Jesusworten.* Matthäus hat Jesu Verkündigung nämlich über fünf »Reden« verteilt. Er sieht Jesus als zweiten Mose, und so entfaltet Matthäus Jesu Lehre in fünf Abschnitten, gleich der Lehre Moses, die in den fünf Büchern der Tora zusammengetragen wurde. Tora und Evangelium gehören zusammen, im Evangelium erklingt die Tora, kein Jota oder Tüpfelchen der Tora geht in ihm verloren.

Und das lehren sie: Daß Menschen in Liebe
und in Frieden miteinander leben werden,
wenn sie etwas vom Geheimnis Gottes erfahren.
Oder umgekehrt: Daß Menschen etwas von
dem Geheimnis Gottes erfahren werden, wenn
sie in Liebe und Frieden miteinander leben.

Wohl dem,
der nicht auf den Weg der Sünder tritt,
der mit der Tora lebt,
Tag und Nacht.*

Die Nachfolger Jesu wurden ***Menschen des Weges*** genannt.

Nico ter Linden wurde 1936 geboren. Nach seinem Theologiestudium in Utrecht, Nimwegen und den Vereinigten Staaten war er Pfarrer in Stompetoren, Alkmaar (Gefängnisseelsorge) und Nimwegen (Krankenhausseelsorge). Von 1977 bis 1995 war er als Pfarrer in der Amsterdamer Westerkerk tätig.
Nico ter Linden ist Kolumnist der Tageszeitung »Trouw« und Mitglied der Niederländischen Gesellschaft für Literatur. Bekannt geworden ist er durch zahlreiche Buchveröffentlichungen und Beiträge für Rundfunk- und Fernsehsendungen. 1995 zog er sich aus der Gemeindearbeit zurück, um sich ganz dem Schreiben einer kommentierten Nacherzählung der Geschichten aus der Bibel zu widmen.

»…Ich erzähle eine uralte Geschichte, die andere vor langer Zeit erzählt haben, und seitdem – von damals bis heute, über zwei Jahrtausende – erzählt und weitererzählt wurde. Es ist eine Geschichte, die vielen Menschen rätselhaft, dunkel und fremd geworden ist, eine Geschichte, die vielerorts ihre Sprache verloren hat. Und doch: Viele haben von ihr gehört, einem Gerücht gleich, das die Runde macht. Es ist, als riefe eine leise Stimme, von weit her; als erzähle man sich etwas hinter vorgehaltener Hand, vorsichtig, schüchtern und leise. Etwas, das vielleicht doch der Mühe wert sein könnte: ›Hast du gehört…? Es wird erzählt…‹ «

Dieses Buch ist von Nico ter Linden aus seiner – in zahlreiche Sprachen übersetzten – kommentierten Nacherzählung der Geschichten der Bibel neu zusammengestellt worden. Als Gesamtwerk sind diese Nacherzählungen im Gütersloher Verlagshaus erschienen:

Nico ter Linden
Es wird erzählt…

Band 1: Von der Schöpfung bis zum Gelobten Land (ISBN 3-579-02221-0)
Band 2: Markus und Matthäus sehen die Geschichte Jesu (ISBN 3-579-02222-9)
Band 3: Biblische Geschichten aus der Zeit der Richter und Könige (ISBN 3-579-02223-7)
Band 4, 5 und 6 sind in Vorbereitung.

Anmerkungen

Seite 12 Martin Buber, zitiert bei Pinchas Lapide und Carl Friedrich Weizsäcker, *Die Seligpreisungen: ein Glaubensgespräch*, Stuttgart 1980.

Seite 14 – Psalm 37,7-11 (gekürzt)
– Zitiert bei Pichas Lapide und Carl Friedrich Weizsäcker, a.a.O.

Seite 17 Psalm 24,3.4.

Seite 18 Römer 8,14.

Seite 20 Die Verse 11 und 12 wurden später hinzugefügt und versuchen, die letzten Seligpreisungen zu konkretisieren.

Seite 24 Exodus 21,24. – nach rabbinischer Auffassung wird hier nicht wörtlich an »ein Auge für ein Auge«, sondern an eine finanzielle Entschädigung gedacht.

Seite 40 Deuteronomium 30,19.

Seite 41 Exodus 24,7.

Seite 43 Psalm 1,1.2.

Bildnachweis

Alle Bilder: © Theresia Ternes

Die Deutsche Bibliothek – CIP-Einheitshaufnahme

Linden, Nico/ter:
Die Seligpreisungen der Bergpredigt und das Vaterunser / Nico ter Linden.
Aus dem Niederländ. übers. von Stefan Häring.-
Gütersloh : Kiefel, 2001
ISBN 3-579-05622-0

ISBN 3-579-05622-0

Gestaltung und Satz: Jens Vogelsang, Aachen
Reproduktion: Scanlight, Marienfeld
Herstellung: Druckerei Uhl GmbH & Co., Radolfzell
Printed in Germany
Besuchen Sie uns im Internet: http://www.kiefelverlag.de